25 Février 1898.

Collection de M. V***

V

OBJETS D'ART

DE

CURIOSITÉ

et de

BEL AMEUBLEMENT

DES

XVIe et XVIIe Siècles

TAPISSERIES

Me G. DUCHESNE

Commissaire-Priseur

6, Rue de Hanovre, 6

M. A. BLOCHE

Expert

28, Rue de Châteaudun, 28

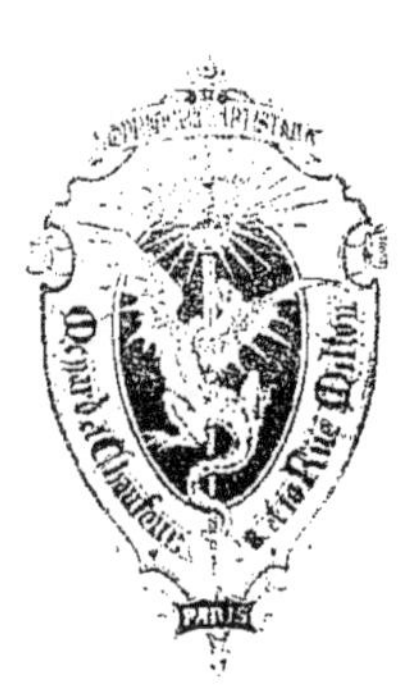

25 Février 1898

CATALOGUE

DES

OBJETS D'ART

DE

BEL AMEUBLEMENT

DES

XVIᶜ et XVIIᶜ Siècles

Armes, Cuivres, Étains, Faïences, Bronzes, Vitraux

MEUBLES EN BOIS SCULPTÉ

Cheminées monumentales, Portes, Bahuts, Coffres, Tables
Crédences, Sièges couverts d'étoffes anciennes et de tapisseries
Cabinets hispanos-arabes

SUPERBES LITS GOTHIQUE ET RENAISSANCE

Statues Panneaux, Bas-reliefs

TAPISSERIES D'AUBUSSON ET DE BRUXELLES

des XVIᵉ XVIIᵉ et XVIIIᵉ siècles

ÉTOFFES ANCIENNES

Le tout provenant de l'Hôtel de M. V***

DONT LA VENTE AURA LIEU

HOTEL DROUOT, SALLE Nᵒ 11

Les Vendredi 25 et Samedi 26 Février 1898, à 2 heures

Mᵉ G. DUCHESNE	**M. A. BLOCHE**
COMMISSAIRE-PRISEUR	EXPERT PRÈS LA COUR D'APPEL
6, Rue de Hanovre, 6	28, Rue de Châteaudun, 28

EXPOSITION PUBLIQUE

Le Jeudi 24 Février 1898, de 2 heures à 6 heures

CONDITIONS DE LA VENTE

La vente sera faite *expressément* au comptant.

Les acquéreurs payeront en sus des adjudications *cinq pour cent.*

L'exposition mettant le public à même de se rendre compte de l'état des objets, il ne sera admis aucune réclamation une fois l'adjudication prononcée.

Paris. — Imp. Ménard et Chaufour, 8-10, rue Milton

DÉSIGNATION

Mobilier

1 — Belle cheminée à deux corps en bois sculpté, le bas flanqué de chaque côté d'une statuette de Cérès et d'un Évêque, le haut formant vitrine avec montants à colonnes plates cannelées surmontées de chapitaux et fronton avec haut-relief représentant trois têtes de chérubins. XVIe siècle. L'intérieur de la cheminée est garni de plaques de revêtement en faïence de Delft, décorées de sujets divers allégoriques en camaïeu bleu.

2 — Très beau meuble à deux corps en noyer sculpté. xvie siècle. Le bas en forme de coffre avec poignées sur les côtés, représente sur la façade en bas-relief des scènes de l'*Histoire de Judith et d'Holopherne*; sur les montants se détachent des figures allégoriques à *la Paix et à la Justice*. Le corps du haut ouvrant à deux portes représente sur un battant *la chaste Suzanne surprise au bain par les deux vieillards*, et sur l'autre, *Joseph laissant son manteau entre les mains de Mme Putiphar*; au milieu et sur les côtés se détachent des cariatides de personnages sur gaînes drapées et la frise du haut présente des arabesques d'ornements, de fleurs et des aigles.

3 — Jolie stalle en noyer sculpté, dossier d'aspect architectural avec panneau de milieu représentant *Léda et Jupiter* dans un cartouche à enroulements, les montants à figures de guerriers tenant des boucliers armoriés; le dessus et le fond

garnis de cuir de Cordoue, décor à fruits, feuillages et amours. xvie siècle.

4 — Stalle caqueteuse en noyer sculpté, dossier garni d'ancien cuir de Cordoue, fond rouge à rehauts d'or, décor amour dans un bosquet fleuri. Le fronton à têtes de femme drapée, accostée de deux figures ailées, frises fleurdelysées, console à tête de chérubins et chutes de fruits, les bras se terminant en têtes d'enfants ailés. xvie siècle.

5 — Caqueteuse en bois sculpté, dossier garni en ancien cuir de Cordoue, fond vert à figures d'enfant, fleurs et feuillage à rehauts d'or. xvie siècle.

6 — Quatre fauteuils bois de noyer tors couverts d'ancien cuir de Cordoue, fond d'or décor polychrome, oiseaux, fruits et ornements. xviie siècle.

7 — Belle table rectangulaire en bois de

noyer sculpté, le dessus à développement
adhérent. Le piétement forme éventail
aux extrémités offre en bas-relief de
grandes volutes feuillagées et enroulées
dessinant deux consoles accostant une
cariatide de femme se détachant en ronde
bosse sur un mascaron diabolique ; la
traverse forme balustrade sur champ plat.
XVIe siècle.

8 — Belle porte à deux battants en bois
sculpté composée de panneaux du
XVIe siècle offrant des bustes de personnages se détachant en haut-relief au-
dessous des motifs raphaëlesques, en
bas des médaillons à profils d'homme et
de femme et au fronton des arabesques
prenant naissance dans un cœur d'acanthe.

9 — Belle porte à double face composée
d'anciens panneaux de bois sculpté
offrant au milieu des têtes de femmes
coiffées à la Diane de Poitiers se détachant
sur un fond très ornementé, au-dessus

des rosaces coquillées. L'encadrement d'un côté présente comme montants des chutes de fleurs et de fruits d'une grande délicatesse, suspendues à une figure grimaçante et à un buste de guerrier, au fronton des têtes de chérubins et des ornements, de l'autre côté les montants sont formés de colonnes plates cannelées et le fronton de frises à ornements couronnés par une tête de chérubin. XVIᵉ siècle.

10 — Coffre en bois sculpté offrant en bas-relief, *Diane chasseresse au repos*, des montants à gaînes plates et cannelées avec motifs feuillagés surmontés de têtes de chérubins. XVIᵉ siècle.

11 — Grande et belle cheminée monumentale en noyer sculpté composée de montants à cariatides, d'un bandeau à arabesques, à la partie supérieure d'un bas-relief représentant, *Le Jugement de Pâris* avec cariatides et chutes de fruits sur

gaînes de chaque côté, fronton à mascarons et enroulements ; travail en partie
du xvie siècle.

12 — Belle crédence à pans-coupés en bois
sculpté, panneaux dessinant des voiles
et draperies, au milieu des motifs d'attri-
buts guerriers et de feuillages ajourés
garnie de ferrures anciennes. xvie siècle.

13 — Très belle stalle en noyer sculpté d'aspect architectural, panneaux de fond
divisés en deux compartiments à figures
de femmes sous des arceaux, montants à
cariatides diaboliques, fronton à écusson
fleurdelysé accosté par des licornes, le
siège supporté par des cariatides adossées
à des gaînes. xvie siècle.

14 — Coffre de mariage en noyer sculpté
offrant sur la façade un médaillon allégorique d'une remarquable exécution :
l'*Amour domptant la Force*, dans un
cartouche ornementé d'après Jean Gou-

JON, de chaque côté des figures d'enfants se détachent en haut-relief dans des cartouches de même ordre, les encadrements et les moulures guillochées et perlées. XVIᵉ siècle.

15 — Table surbaissée en chêne sculpté avec tiroir. Époque Louis XV.

16 — Coffret en chêne ciré avec compartiments intérieurs muni de ses poignées, clef et entrée de serrure en fer. XVIᵉ siècle.

17 — Deux intéressants cabinets hispano-arabes d'aspect architectural, décor fond d'or incrusté d'ivoire et peint. Posant sur scribants à croisillons en fer. Fin du XVᵉ siècle.

18 — Table en noyer avec tiroirs. XVIᵉ siècle.

19 — Table à pieds tors avec traverse et à tiroir. XVIᵉ siècle.

20 — Banquette formant coffre en bois
sculpté, dossier divisé en quatre compartiments à personnages sous des arceaux,
fronton à têtes de chérubins et masques
diaboliques. Le bas offre des médaillons
à personnages sur des motifs raphaëlesques. XVIe siècle, avec trois coussins et
le dessus en soierie verte à petits dessins,
garnis de galons métalliques.

21 — Grande et belle statue formant lampadaire en bois de noyer sculpté, personnage debout presque nu. Remarquable
comme exécution. Fin du XVIe siècle.

22 — Petit meuble d'appui ouvrant à deux
portes en bois sculpté offrant des profils
de personnages dans des médaillons. En
partie du XVIe siècle.

23 — Quatre fauteuils en noyer sculpté bras
à volutes couverts en brocatelle fond rose,
dessin jaune. XVIe siècle.

24 — Deux grands fauteuils en bois sculpté couverts en cuir garnis de gros clous ovales. XVIᵉ siècle.

25 — Grand fauteuil à haut dossier en bois sculpté bras à volutes couvert en tapisserie verdure avec volatiles. XVIᵉ siècle.

26 — Fauteuil en noyer avec coussin et dossier couverts d'ancien velours de Venise, dessin ton sur ton abricot, garni de franges assorties. XVIIᵉ siècle.

27 — Fauteuil en noyer, coussin et dossier couverts en soierie verte à petits dessins ornée d'applications et de galons en passementerie métallique. XVIᵉ siècle.

28 — Chaise à haut dossier couverte en ancien cuir de Cordoue fond rouge et or médaillons à fleurs.

29 — Deux tabourets en noyer recouverts de tapisserie verdure à oiseaux à plumages multicolores. XVIIᵉ siècle.

3o — Ecran en bois sculpté avec panneau
en ancienne tapisserie représentant un
Jeune garçon portant une écuelle,
encadrement à guirlandes de fruits, au
revers gaîné de soierie ancienne brochée à
fleurs. Époque Louis XIV.

31 — Prie-Dieu en bois sculpté offrant sur
la porte un bas-relief allégorique à l'*Annonciation*. XVIIe siècle.

32 — Petite console en bois sculpté et doré à
cariatides de petits tritons et guirlandes
de fleurs. Époque Louis XIV.

33 — Fronton d'autel en bois sculpté parties
dorées. Époque Louis XIII.

34 — Statuette en bois sculpté à suspendre :
*Amour tenant son arc d'une main, son
trait de l'autre.* XVIIe siècle.

35 — Deux colonnes plates d'appliques,
cannelées surmontées de chapiteaux.
XVIe siècle.

36 — Groupe d'applique : *Personnage debout sur un cygne.* xvıᵉ siècle.

37 — Bénitier en bois sculpté et doré au chiffre du Christ, fronton ornementé avec têtes de chérubins et gerbes de feuillages se détachant de chaque côté. Époque Louis XIV.

38 — Deux très beaux panneaux pour portes de meubles en noyer finement sculpté, offrant au milieu des figures allégoriques : *Le Printemps et l'Été*; tout autour des figures d'amours, des cariatides et des ornements tirés des cartons de JEAN GOUJON. xvıᵉ siècle.

39 — Bas-relief rectangulaire en noyer à têtes de lions d'où se détachent des draperies retenues par des armures. xvıᵉ siècle.

40 — Console de plafond en bois sculpté représentant : *Un Apôtre tenant l'Evangile.* xvıᵉ siècle.

41 — Beau panneau rectangulaire offrant en bas relief : *L'Annonciation*. xviie siècle

42 — Deux frontons d'autel en bois sculpté et doré, d'aspect architectural avec peinture au milieu représentant sur l'un, *un Evêque en extase* et sur l'autre *un saint en armure*, tenant une châse. Époque Louis XIII.

43 — Statue en bois sculpté et rehaussé de peinture représentant : *Une patricienne*, tenant son missel à la main. xvie siècle.

44 — Deux statues en bois sculpté peintes et dorées, allégorie à *La Coquetterie et la Justice*. xviie siècle.

45 — Porte à deux battants en bois sculpté, décor à motifs d'ornements. Époque Henri II.

46 — Statuette d'évêque en bois sculpté et peint. xviie siècle.

47 — Deux hauts reliefs carrés représentant :
saint Luc et saint Gérôme rehaussés de
peintures et de vestiges d'or.

48 — Magnifique lit Renaissance en noyer
sculpté avec baldaquin supporté par
quatre colonnes torses, le devant offrant
au milieu un bas relief dans un cartouche
ornementé, deux personnages visés par
l'amour, de chaque côté, des figures
d'anges sur des cartouches, entre-deux et
montants à cariatides d'hommes sur
gaînes, le bas et le tour à feuilles d'acanthe.
Le fond présente en bas-relief des figures
d'amours prenant leurs ébats sur des
cygnes et au milieu d'enroulements
feuillagés, le fronton offre une tête de
chérubin se détachant au milieu de volutes et d'arabesques. Accompagné de sa
garniture, tour de lit et courte-pointe en
ancien damas rouge avec écusson en broderie au milieu.

49 — Table de nuit Renaissance avec pan-

neaux de l'époque représentant un amour au milieu de volutes feuillagées, montants à cariatides, pieds tors, le tour à feuilles d'achante.

5o — Très joli meuble à deux corps, composés ae panneaux du xvie siècle, ouvrant à deux portes offrant en bas-relief des figures allégoriques sur cartouches, dessins de JEAN GOUJON, les côtés à colonnes détachées et cannelées avec niches au centre supportant des figurines posant sur consoles feuillagées ; le fronton d'aspect architectural abrite au centre une statuette de déesse en bronze doré.

5i — Prie-Dieu avec fronton en bois sculpté offrant comme couronnement une tête de chérubin, xviie siècle.

5z — Petite table octogonale avec tiroirs, piètements fuselés. xvie siècle.

53 — Tabouret carré à pieds tors couvert en damas de soie rouge. Époque Louis XIII.

54 — Belle statue d'enfant pouvant former tor-
chère en bois sculpté sur socle avec bas-relief, tête de personnage casqué. XVIIe siècle.

55 — Grand bas-relief représentant la *Cène*.
encadrement à gaudrons. XVIIe siècle.

56 — Lit de milieu en bois sculpté, panneaux à ogives fleuronnées avec baldaquin à voussures, le fond garni de velours
peluche rouge, orné d'applications d'ancienne broderie, figure d'évêque et médaillons allégoriques au Nouveau-Testa-
ment. Travail en partie gothique.

57 — Beau meuble à deux corps ouvrant à
quatre portes en bois sculpté, panneaux
d'aspect architectural à ogives fleuronnées,
le montant du milieu avec statuette de
patricienne tenant son missel à la main,
le fronton avec écusson et clocheton aux
extrémités. Style gothique.

58 — Meuble formant toilette, composé de

panneaux gothiques à ogives fleuronnées avec écusson fleurdelysé.

59 — Table de nuit avec panneaux sculpté à jour représentant des cariatides d'enfants tenant des saints ciboires et se terminant en forme de dauphins. Travail en partie du XVIe siècle.

60 — Deux fauteuils en bois sculpté. Style gothique, panneaux du fond ancien à ogives, coussin en ancien velours rouge.

61 — Deux hautes et belles portes en noyer sculpté, panneaux offrant en bas-relief des vases et des corbeilles de fleurs et de fruits accostés d'oiseaux chimériques. XVIe siècle.

Vitraux. Peintures

62 — Quatre châssis composant une grande croisée garnie de vitraux anciens représentant : *Des Anges en adoration, le Christ et saint Joseph.*

63 — Deux grands panneaux représentant : *Le prince Ludovic fils de Lothaire et Guillaume le Conquérant,* en armures debout avec leurs boucliers à leurs armes, peintures attribuées au xvie siècle.

64 — Deux panneaux offrant en peinture à fond d'or *saint Pierre et saint Martin,* avec banderoles à inscriptions. xvie siècle.

65 — Curieuse peinture en forme de voussure représentant : *Une femme se regardant dans un miroir.* xve siècle, dans un cadre en bois sculpté de style gothique.

Armes

66 — Jolie épée de cour à lame triangulaire
gravée, garde et panneau en argent repercé
et ciselé. Époque Louis XVI.

67 — Deux claymores écossaises et saxonnes,
gardes en fer. XVIᵉ siècle.

68 — Quatre épées de cour anciennes dont
une avec ceinturon.

69 — Deux sabres de la République avec
garde en cuivre.

70 — Kriss malais à lame flamboyante, poignée en bois sculpté, virole enrichie de
roses.

71 — Couteau de louveterie vénitien, lame
gravée, poignée en corne cannelée.
xvie siècle.

72 — Poignard de Tolède, riche monture
en bronze ciselé et doré.

73 — Quatre poignards et couteaux anciens.

74 — Trois poudrières dont une en os gravé.

75 — Deux pistolets, batteries à pierre, pla-
tines et crosses gravées. xviiie siècle.

76 — Pistolet oriental recouvert de cuivre
découpé à jour. xvie siècle.

77 — Deux petits pistolets en fer, batteries à
pierre.

78 — Six pièces armes et instruments sau-
vages.

79 — Casque prussien.

80 — Bouclier de forme conique en corne.

81 — Trois anciens fusils, batteries à pierres, dont deux à baïonnettes.

82 — Petite pertuisane avec hampe en velours vert garnie de glands et de franges métalliques.

83 — Fétiche arabe à suspendre au poitrail du cheval.

Objets divers

84 — Souflet en bois finement sculpté, offrant des mascarons sur fond d'ornements, monture en bronze poli dessinant des cariatides et des masques drapés. Style Renaissance.

85 — Rouet avec fuseau. XVIIe siècle.

86 à 102 — Seize pièces en étain des XVIIe et XVIIIe siècle : pichets cafetières; buires, sucrier, poivrière, etc.

103 — Bouteille de pharmacie en faïence de Nevers décor bleu, pour l'absinthe.

104 — Pot cylindrique de Nevers pour cornichons, décor à fleurs en bleu.

105 — Soucoupe en faïence de Castelli, décor à personnages.

106 à 114 — Huit pots à crème en porcelaine blanche à rehauts d'or au chiffre de Napoléon, provenant duchâteau des Tuileries.

115 — Pot à eau et cuvette en porcelaine vieux Paris, décor à trophées de musique et à ornements, parties rehaussées d'or.

116 — Théière. soucoupe et pot à crème en
ancienne porcelaine de Paris. décor à
rehauts d'or.

117 — Sucrier de Sèvres, décor au chiffre de
·Napoléon à rehauts d'or.

118 — Tasse, soucoupe et pot à crème au
chiffre de Louis-Philippe.

119 — Tasse et soucoupe de Paris, décor à
fleurs et à rehauts d'or.

120 — Chocolatière en vieux Strasbourg,
décor à fleurs et volatiles.

121 — Pot à moutarde en ancienne faïence
de Paris.

122 à 127 — Cinq pièces verrerie ancienne,
flacons, verres et aiguières.

128 — Écuelle avec couvercle et plateau en
faïence Ier Empire.

129 — Théïère et aiguière en cuivre jaune.
XVIIᵉ siècle.

130 à 132 — Trois figurines en bronze doré
saint Jean, sainte Femme et la Force,
fin du XVIᵉ siècle.

133 à 143 — Dix-sept plats et assiettes de différentes formes en faïences et porcelaines
anciennes de fabriques diverses.

144 — Grande croix avec reliquaire au milieu tout en fer forgé, dessin délicat.
XVIᵉ siècie.

145 — Grande buire en cuivre rouge à gaudrons et gravé. Époque Louis XIII.

146-147 — Deux figurines d'amours en bois
sculpté et peint. Époque Louis XIII.

148 — Bouquetière en ancienne faïence de
Rouen, décor à fleurs en polychrome.

149 — Ancien abat-jour fond blanc décor à fleurs.

150 — Deux chenets en cuivre à boules cannelées montés sur fer forgé. XVIᵉ siècle.

151 — Crémaillère en fer forgé. XVIᵉ siècle.

152 — Lampe juive, suspension en cuivre.

153 — Trois sauteuses en cuivre dont une avec poignée gravée. Époque Louis XIII.

154 — Seau à anses en cuivre gravé. XVIIᵉ siècle.

155 — Paire de petits flambeaux en cuivre poli et poinçonné. Époque Louis XIII.

156 — Petite lampe à suspendre en cuivre. XVIᵉ siècle.

157 — Petit lustre flamand en cuivre poli à six lumières.

158 — Seau à charbon avec pelle en cuivre
jaune.

159-160 — Deux bougeoirs et un petit seau en
cuivre de diverses époques.

161-162 — Quatre poupées habillées : *Italiens
et Italiennes*. xviiie siècle.

163 — Deux petits panneaux bois sculpté à
bustes de personnages et dauphins accou-
plés.

164 — Petit cadre en bois sculpté. Époque
Louis XVI.

165 — Groupe en bronze poli : *La Vierge et
l'Enfant*. xve siècle.

166 — Petite figurine de *Hercule* en bronze.

167 — Petite figurine : *Napoléon Ier* en
bronze.

168-170 — Divers objets de vitrine : nétzuké, sonnette, éperon, châtelaine, et binocle.

171 — Petite veilleuse forme lampadaire en cuivre.

172 — Coq gaulois sur sphère avec inscription *Liberté* en bronze.

173 — Petit buste personnage casqué en bronze.

174 — Presse-papiers en bronze formé par un cerf.

175 — Coffret recouvert de fer sur fond de velours vert. XVIᵉ siècle.

176 — Serrure de porte avec les poignées en cuivre, décor à fleurs et ornements.

177 — Pot avec couvercle en étain.

178-179 — Trois grandes clefs anciennes en fer.

180 — Lanterne à quatre faces en cuivre jaune. XVIIe siècle.

181 — Petit coffret en fer avec personnage peint. XVIe siècle.

182 — Seau avec couvercle en cuivre rouge cerclé de cuivre jaune.

183 — Aiguière en poterie antique.

184 — Deux petits verres à pieds filigranés.

185 — Deux pots à pharmacie, en faïence, decor cartouches à inscriptions.

186 — Deux flambeaux en fer à figures de personnages. XVIe siècle.

187 — Mortier avec pilon. XVIe siècle.

188 — Cloche ancienne.

189 — Soufflet en bois sculpté offrant en bas-relief: *Vulcain forgeant les armes de l'Amour* avec monture en cuivre, cariatides .et mascarons. Style Renaissance.

Tapisseries

190 — Suite de quatre jolies tapisseries anciennes dites verdures, offrant de nombreux volatiles: faisans, perdrix, canards, coqs, etc., dans des paysages boisés arrosés par des cours d'eau avec vues de villes et de châteaux en perspective.

191 — Bandeau de cheminée en ancienne tapisserie, dessin à guirlandes de fleurs.

192 — Tapisserie d'Aubusson du xviiie siècle,
d'après OUDRY, représentant un paysage
avec cours d'eau, et animé de volatiles,
bordure simulant un encadrement à co-
quilles et ornements.

193 — Jolie tapisserie d'Aubusson du
xviiie siècle, réprésentant un jeune galant
devisant avec la jeune bergère pendant
qu'elle surveille son troupeau dans un
riant paysage. Bordure à fleurs.

194 — Suite de trois tapisseries d'Aubusson
du xviiie siècle, paysages avec oiseaux et
arbres chargés de fleurs, bordures à co-
quilles et ornements.

195 — Tapisserie d'Aubusson du xviiie siècle;
paysage avec rivière animée de canards,
arbres chargés de fleurs et rocher cou-
ronné par un kiosque dans le goût chi-
nois, jolie bordure à guirlandes de fleurs
et ornements.

196 — Encadrement de baie en ancienne tapisserie d'Aubusson, dessin à fleurs et ornements.

197 — Portière en ancienne tapisserie d'Aubusson, paysages avec volatiles et cours
d'eau, bordure à fleurs et trophées.
xviiie siècle.

198 — Grande tapisserie représentant un roi
et une reine au milieu d'une nombreuse
suite, admirant un personnage qui vient
au-devant d'eux calmer un dragon qui les
menaçait. Large bordure à petits personnages, couronnes de fruits sous des ar-
cades. Fin du xvie siècle.

199 — Deux tapisseries de différentes gran-
deurs représentant des scènes de chasse à
courre, nombreux cavaliers et animaux,
bordure à fruits et feuillages. Fin du
xviie siècle.

200 — Petite tapisserie représentant de nom-

breux personnages, scène allégorique de
l'Histoire ancienne. xvie siècle.

201 — Panneau en tapisserie de la Renaissance, scène de chasse à petits personnages, avec bordure sur trois côtés, à
pièces d'eau, gerbes de fruits et de fleurs.

202 — Portière en ancienne tapisserie, verdure avec bordure à guirlandes de fleurs.

203 — Bandeau en ancienne tapisserie à guirlandes de fleurs et de fruits.

204 — Tapisserie représentant : *Mars, Vé-
nus et l'Amour*, dans un paysage, bordure à fleurs et palmes enguirlandées.
xviie siècle.

205 — Petit panneau en tapisserie de la
Renaissance : *Figure de femme tenant
un rameau.*

206 — Diverses bordures d'ancienne tapisserie. Sera divisé.

207 — Tapisserie moderne représentant :
La danse champêtre, bordure enguir-
landée de fleurs simulant un encadrement.

Étoffes

208 — Tapis de table en ancienne brocatelle,
fond vert dessin à vases de fleurs au
milieu de motifs à couronnes et ornements.

209 — Paire de rideaux de croisée et ban-
deaux en ancien damas de soie rouge
garni de franges assorties.

210 — Fauteuil en bois sculpté couvert en
satin rouge broché d'or et d'argent.
Époque Louis XV.

211 — Joli petit tapis en ancien velours de
Gênes, dessin ton sur ton, fond rouge
tendre.

212 — Joli petit tapis en ancien velours de
Gênes, fond d'or, petit dessin rose, garni
d'un galon d'argent.

213 — Coussin en velours bleu ardoise, avec
écusson en broderie ancienne.

214 — Coussin en ancien velours rouge,
dessin en relief, garni de galons assortis
avec écusson en broderie d'argent et
ancienne.

215 — Coussin en soierie verte brochée,
doublé de soie garnie de passementerie.

216 — Grande chape en ancien velours vénitien violet rosé garnie de galons.

217 — Chape en soierie blanche brochée à
fleurs avec orfroi et chaperon en soierie
jaune à fleurs. XVIIIe siècle.

218 — Chaperon en soierie verte brochée à
fleurs.

219 — Bandeau en satin broché à fleurs,
garni de franges multicolores. XVIIIe siècle.

220 — Gilet en soie blanche brodée à guirlandes et bouquets de fleurs du temps de
Louis XVI.

221 — Gilet en damas de soie jaune à ra-
mages.

222 — Petit tapis en panne rose avec passementerie en dentelle. XVIIe siècle.

223 — Deux voiles de calice en panne et damas de soie rouge.

224 — Divers morceaux de brocatelle fond rose, dessin jaune.

225 — Diverses pièces d'étoffes anciennes (sera divisé).

226 — Deux fragments de bandes de la Renaissance en broderie d'argent sur fond de velours rouge.

227 — Deux embrasses à deux glands chacune en ancienne passementerie de soie et métallique.

228 — Cordelière et deux glands en passementerie de soie rouge.

229 — Cordelière et deux glands en passementerie métallique.

23o — Petit écusson en ancienne broderie. .

231 — Petit tapis en ancien velours bleu.

232 — Bourse en velours rouge et broderie à paillettes. XVIIe siècle.

233 — Lot de passementerie, galons et franges.

234 — Objets omis.

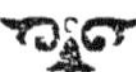